NIVEL
3

Los Gatos vs. Los Perros

Elizabeth Carney

NATIONAL
GEOGRAPHIC

Washington, D.C.

Para la familia McNally, quienes me han aceptado
como un miembro más de su manada
—E. C.

Libro en rústica comercial: 978-1-4263-2496-3
Encuadernación de biblioteca reforzada: 978-1-4263-2497-0

National Geographic apoya a los educadores K-12 con Recursos del ELA Common Core.
Visita natgeoed.org/commoncore para más información.

Impreso en los Estados Unidos de América
15/WOR/1

Tabla de contenidos

¡Los gatos vs. los perros!

Los perros y los gatos son las mascotas más populares en todo el mundo. Algunas personas creen que los perros son nuestros mejores amigos. Otros creen que los gatos son las mascotas perfectas.

Aprende cuál de ellos se mueve con más estilo, cuál escucha mejor y cuál puede hacer los trucos más inteligentes. No importa cuál sea tu favorito, una cosa es cierta: ¡esta batalla de las mascotas será feroz!

¿Quién tiene los parientes más escalofriantes?

Los perros y los gatos parecen ser opuestos. Esto es porque tienen árboles genealógicos muy diferentes.

Hace millones de años, un depredador parecido al zorro merodeaba por el campo buscando carne. Este animal, llamado *Eucyon davisi,* fue uno de los primeros parientes de los caninos que conocemos hoy.

El ancestro extinto del perro, Eucyon

El lobo gris hoy

Mascota-palabras

CANINO: Un grupo de mamíferos carnívoros que incluye a los perros domésticos, los lobos, los zorros, los chacales y los coyotes

DEPREDADOR: Un animal que caza a otros animales para comerlos

DOMESTICADO: Cuando un animal no es salvaje y vive con los humanos

lobo

coyote

chacal

perros

Los lobos, los coyotes, los chacales y los perros son familia de este ancestro. Estos animales cazan y viven en manadas.

Todos los gatos, desde el poderoso tigre hasta el gato doméstico, evolucionaron de un felino pequeño que vivió hace 12 millones de años. Este animal se llamaba *Felis attica*.

puma

lince

gato doméstico

¡extraño pero cierto!

Los gatos grandes como los leones, los tigres y los jaguares no ronronean como hacen los gatos pequeños.

Mascota-palabras

EVOLUCIONAR: Cambiar o desarrollarse a través de largos períodos de tiempo

FELINO: Un grupo de mamíferos carnívoros que incluye al gato doméstico, el león, el tigre, el lince y la chita

Después, la familia felina se dividió en dos. Un grupo evolucionó convirtiéndose en gatos pequeños que incluye a los pumas, los linces y los gatos domésticos. El otro grupo evolucionó convirtiéndose en gatos más grandes como los tigres, los leones y los leopardos. Los gatos grandes son unos de los depredadores más aterradores del mundo.

En una batalla cabeza a cabeza, un lobo no sería rival para el león o el tigre.

tigre

león

leopardo

GANADOR: ¡el gato!

Los sentidos

¿Quién tiene mejor olfato?

Los perros y los gatos tienen super
poderes sensitivos que han heredado de
sus ancestros. Estos sentidos poderosos
les han ayudado a sobrevivir.

¡extraño pero cierto!

¡Algunas razas de
perro pueden olfatear
moho, insectos, drogas
y hasta cáncer! ¡Esa es
una nariz inteligente!

¡Snif, snif! Un perro olfatea el aire. Recibe mucha más información al hacer eso que la que recibimos nosotros. Los perros tienen aproximadamente 220 millones de células olfativas. El doble de las que tienen los gatos— ¡y 40 veces de las que tenemos los humanos!

Mascota-palabras

CÉLULA: La unidad más básica de todo ser vivo. Las plantas grandes y los animales están compuestos de trillones de células.

GANADOR: *¡el perro!*

¿Quién escucha todo?

Una rata se mete a un agujero en la pared. Una persona puede no haber escuchado nada, pero es probable que un gato sí.

20.000 hertz

40.000 hertz

Los humanos escuchamos hasta 20.000 hertz, medida que expresa la intensidad de un sonido. Los perros escuchan el doble de lo que escuchamos nosotros. Pero el oído del gato es el mejor. ¡Perciben hasta unos fuertes 60.000 hertz! Eso significa que los gatos escuchan muchos sonidos que los humanos y los perros nunca podremos escuchar.

Mascota-palabras

HERTZ: Una unidad en la que se mide el sonido

GANADOR: ¡el gato!

60.000 hertz!

La dieta

¿Quién sirve la cena?

Los gatos domésticos son cazadores letales.
A veces, el dueño de un gato abre la puerta
de su casa y encuentra una sorpresa: ¡un
animal muerto! A los gatos les encanta
llevarles a sus dueños "regalitos" como
pájaros, lagartijas o ratones que
han matado.

GANADOR: ¡el gato!

Quizás prefieras una pizza, pero tu gato está siguiendo sus instintos. Los perros vuelven a casa con el diario pero los gatos vuelven con una cena para felinos.

¿Quién es más mañoso para comer?

Los perros y los gatos normalmente comen alimento hecho especialmente para ellos.

GANADOR: ¡el gato!

En su hábitat natural, los gatos son carnívoros. Sólo comen carne. Los gatos necesitan cinco veces más proteínas que los perros.

Los perros son carnívoros también, pero no son tan mañosos. En su hábitat natural, los perros y los lobos a veces comen material vegetal como pasto y fruta.

Mascota-palabras

CARNÍVORO: Un animal que come a otros animales

PROTEÍNA: Un nutriente que aporta la carne y que es un elemento importante de todos los seres vivos

La comunicación

¿Quién tiene una cola delatora?

Tanto los gatos como los perros usan la cola para expresar sus sentimientos.

Cuando los gatos tienen la cola parada, significa que están felices de verte.

Una cola inquieta significa que el gato está listo para atacar.

Los gatos mueven la cola de un lado a otro cuando se sienten emocionados o agresivos.

Cuando los perros están felices,
mueven la cola de un lado a otro
o en círculos, como una hélice.

Cuando tienen miedo, meten la cola
entre las patas. Si no están seguros de
algo, mantienen la cola hacia abajo
y la mueven cerca del cuerpo.

Cuando sienten peligro, los perros tienen
la cola quieta y parada. Esto significa
que algún problema
se les aproxima.

¿Entonces, quién es mejor expresándose con la cola? Los perros tienen más formas de comunicarse con la cola que los gatos.

GANADOR: ¡el perro!

¡extraño pero cierto!

Un perro asustado baja las orejas y encorva la espalda para parecer más pequeño.

¿Quién habla más?

Los perros y los gatos no usan palabras, pero tienen muchos sonidos para expresar cómo se sienten.

Consulta este diccionario de gatos para saber qué es lo que tu gato te quiere decir.

DICCIONARIO DE GATOS

Ronroneo: Este es el sonido de la felicidad. Significa que el gato se siente cómodo y seguro.

Miau: Los gatos tienen distintos miaus que significan distintas cosas, por ejemplo "dame de comer," "acaríciame" o "¡cuidado!"

Aullido: Algunos gatos hacen un sonido largo como un lamento para llamar la atención de sus dueños o de otros gatos.

Bufido: Este es el sonido que hacen los gatos cuando tratan de defenderse. Levantan el labio para mostrar los dientes y soplan.

Gruñido: Este sonido que proviene de la parte de atrás de la garganta del gato significa "¡Aléjate!"

Los perros hacen varios sonidos para "decir" lo que están pensando. ¿No hablas idioma perruno? Este diccionario de perros te puede ayudar.

Los perros pertenecen a la misma familia que los animales que viven en manadas. La comunicación es una parte importante de la vida en manada. Los perros necesitan usar estos sonidos para "charlar" con otros perros o con sus dueños.

Mascota-palabras

MANADA: Un grupo de caninos que viven y cazan juntos

DICCIONARIO DE PERROS

Gemido: Los cachorros hacen este sonido agudo si están solos o tienen hambre. Le indica a la mamá que necesitan ayuda. Los perros adultos hacen este sonido para expresar dolor o miedo.

Chillido: Los perros hacen este sonido cuando están jugando o cuando quieren que les presten atención.

Ladrido: Los perros ladran cuando están aburridos o emocionados o cuando están buscando a otros perros. También usan este sonido para advertir que se acercan desconocidos.

Aullido: Los perros aúllan cuando están solos o cuando quieren comunicarse con los miembros de sus familias.

Gruñido: Cuando los perros gruñen con las orejas hacia atrás, normalmente están molestos, nerviosos o enojados.

GANADOR: ¡el perro!

10 Datos interesantes sobre los perros y los gatos

1

Un tigre puede matar a un ciervo de 600 libras con una mordida letal en la garganta.

2

Cuando los gatos domésticos cazan ratones, uno de tres ataques resulta en un ratón muerto.

3

Los perros pueden beber agua con barro y comer carne podrida o basura sin enfermarse. Los químicos que tienen en el estómago matan los gérmenes.

4

Los leones son los únicos gatos que viven y cazan en grupos grandes.

5

Los perros tienen seis cachorros por camada normalmente, pero las razas grandes pueden tener hasta 12 cachorros.

6 Un lobo puede comer 20 libras de carne en una comida.

7 Cuando un gato se limpia, saca el pelo y la piel muerta. También difunde su aroma y se relaja.

8 Con su excelente habilidad de escuchar, los gatos presienten cuando desastres como terremotos y erupciones volcánicas están por suceder.

9 Una border collie llamada Betsy entiende más de 340 palabras habladas. Betsy aprende nuevas palabras tan rápido como un niño pequeño.

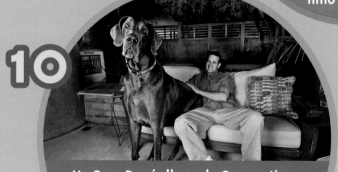

10 Un Gran Danés llamado George tiene el récord de ser el perro más alto. Parado en las patas traseras, George mide más de siete pies desde la cabeza hasta la cola.

El comportamiento

¿Quién es más dormilón?

Los perros duermen un promedio de 12 horas por día. Los perros mayores o los cachorros podrían dormir más. Razas trabajadoras como los bóxers y los collies no necesitan dormir tanto.

Los gatos duermen aproximadamente
18 horas por día. Pero a diferencia de los
humanos, los gatos tienen un sueño ligero,
despertándose cada varios minutos.

GANADOR: ¡el gato!

¿Quién es el más limpio?

Los gatos pasan la mitad de su tiempo lamiéndose. La lengua de un gato es áspera como el papel para lijar. Está cubierta de espinas que la convierten en un mini-cepillo.

GANADOR: ¡el gato!

Los perros se lamen también, pero mucho menos que los gatos. La lengua suave de los perros no tiene las espinas que los gatos tienen y que hacen de esta una buena herramienta para limpiarse. Por eso, los perros necesitan la ayuda de sus dueños para estar limpiecitos.

¿Quién es el más deportista?

Los gatos son muy buenos trepadores. Les encanta descansar en los árboles, en los refrigeradores y hasta en los techos. Pueden saltar grandes distancias y casi siempre caen de pie.

GANADOR: ¡empate!

Sin embargo, en cuanto a las distancias, es difícil superar a los perros. Unas razas pueden correr o trabajar todo el día. Los perros de trineo de la famosa carrera Iditarod corren 1.110 millas por las tierras salvajes de Alaska.

Tanto los perros como los gatos son capaces de completar grandes pruebas físicas. Pero simplemente tienen talentos diferentes.

Carrera Iditarod en Alaska

GANADOR: ¡el perro!

¿Quién es el más social?

A la mayoría de los perros les gusta pasar tiempo con otros perros. Heredaron esta característica de los lobos, quienes viven en manadas. Muchos dueños de perros los llevan a lugares donde pueden tener vidas sociales activas.

¡extraño pero cierto!

¡Existen parques, restaurantes y hasta hoteles para perros!

La mayoría de los gatos son solitarios. Para llevarse bien, los gatos normalmente tienen que haberse criado juntos. Quizás les gusta acurrucarse con sus humanos favoritos, pero dejan las juntadas de animales a los perros.

El enfrentamiento final

¿Quién tiene una mayor variedad de tamaños y formas?

Los gatos no han cambiado mucho desde los tiempos de sus ancestros salvajes. Los científicos creen que los gatos empezaron a vivir con los humanos hace aproximadamente 9.000 años. Los gatos eran útiles para atrapar a los animales que invadían las provisiones de comida.

Hoy hay aproximadamente 80 razas de gatos. Las diferencias más notorias entre las razas de gatos es el largo, el color y la textura de su pelaje.

Las razas mixtas son la variedad de gato más popular. Sólo 2 por ciento de los gatos domésticos en los Estados Unidos son de raza pura.

Persiano

esfinge

coon de Maine

Siamés

galgo

beagle

Yorkshire terrier

mini-caniche

Hace más de 15.000 años, los humanos y los lobos empezaron a vivir juntos. Con el tiempo, los humanos domesticaron a los cachorros y se convirtieron en el primer animal domesticado del mundo—el perro.

A través de los años, las personas han criado a los perros para actividades específicas como para vigilar, para arrear y para acompañar. El resultado: perros de todas las formas y tamaños. Hay más de 400 razas de perros reconocidos en el mundo.

GANADOR: ¡el perro!

¿Quién es el más inteligente?

Siéntate. Quédate. ¡Date vuelta! La mayoría de los dueños de perros saben que es fácil enseñarles a los cachorros a hacer trucos. El cerebro del perro está programado para obedecer al líder de la manada, entonces los perros están contentos al escuchar las órdenes de su dueño.

Se puede entrenar a los perros a hacer todo tipo de trucos. Pueden ser guías para las personas que no ven. Pueden ayudar a buscar a las personas perdidas después de un desastre natural. Algunos hasta ayudan a la policía a atrapar a los criminales.

Si le dices al gato que se siente, lo más probable es que te dé una mirada diciendo "Ni modo." Algunos dueños de gatos creen que los gatos son demasiado inteligentes para recibir órdenes de un humano.

Mientras que los perros tienen el deseo natural de complacer a un líder, los gatos no lo tienen. Pero igual se los puede entrenar para que hagan trucos. Dándoles comida deliciosa como premio, entrenadores experimentados pueden hacer que los gatos salten por anillos, busquen juguetes y choquen la mano.

GANADOR: ¡empate!

¡extraño pero cierto!

Los gatos pueden aprender a usar el inodoro en vez de la caja de arena—¡y tirar la cadena también!

¿Cuál es la mascota perfecta?

¿Entonces, qué animal sería la mascota perfecta? Los perros y los gatos tienen distintas características que han desarrollado durante miles de años. Tu perro podría destruir tu mejor par de zapatos. Tu gato podría ignorarte cuando lo llamas. Pero la mayoría de los perros y los gatos aman a sus dueños aún cuando no se portan muy bien.

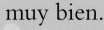

Cuando un gato
se duerme en tus
brazos, o cuando
un perro te da
un beso baboso,
sabrás cuál es la
mascota perfecta.
¡Cualquiera que
tengas!

GANADOR: ¡empate!

Glosario

CANINO: Un grupo de mamífero carnívoros que incluye a los perr domésticos, los lobos, los zorros los chacales y los coyotes

DEPREDADOR: Un animal que caza a otros animales para comerlos

DOMESTICADO: Cuando un animal no es salvaje y vive con humanos

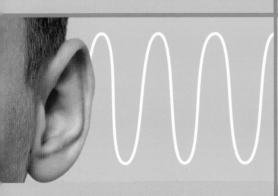

HERTZ: Una unidad en la que se mide el sonido

INSTINTO: Una habilidad que el animal tiene al nacer y que le permite saber cómo hacer ciertas cosas

CARNÍVORO: Un animal que come a otros animales

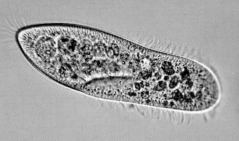

CÉLULA: La unidad más básica de todo ser vivo. Las plantas grandes y los animales están compuestos de trillones de células.

EVOLUCIONAR: Cambiar o desarrollarse a través de largos períodos de tiempo

FELINO: Un grupo de mamíferos carnívoros que incluye al gato doméstico, el león, el tigre, el lince y la chita

MANADA: Un grupo de caninos que viven y cazan juntos

PROTEÍNA: Un nutriente que aporta la carne y que es un elemento importante de todos los seres vivos

Índice